AF822313

Dmitri

SHOSTAKOVITCH

CHILDREN'S ALBUM

FOR PIANO

K 03970

Kalmus

CONTENTS

CHILDREN'S ALBUM

March

D. Schostakowitsch

Im Marschtempo

Valse

Im Walzertempo
2
mf non legato
cresc.
f
rit.
a tempo
dim.
mf
cresc.
f
dim.
mf
poco rit.

The Bear

A Funny Story

Schnell

4

p
f
p
cresc.
f

A Sad Story

dim.
p
mf
dim.
p
Ped. *
Ped. *

The Mechanical Doll

cresc.
cresc.